KAROLIINA KORHONEN
カロリーナ・コルホネン

柳澤はるか 訳

MATTI IN THE WALLET

フィンランドの不思議なことわざ

"MATTI KUKKAROSSA" AND OTHER ADVENTURES
IN FINNISH LANGUAGE NIGHTMARES

マッティの言葉の冒険

草思社

はじめに

フィンランド語の起源や歴史、ユニークさに、私はずっと興味を持っていました。とくにことわざと慣用句は、短い言葉の中にフィンランドの慣習や歴史、文化がつまっていて、とても面白いのです。でももし、それらを文字通りに解釈したり、外国語への翻訳を試みたりしたら、どうでしょうか。途端に、おかしな点にたくさん気づきます。文字通り解釈してみる──その思いつきが、この本のはじまりです。フィンランドのことわざを文字通り解釈したら、どんな景色が見えるでしょう？　それをぜひ、本書で楽しんでもらえたら幸いです。

ここに収録されたことわざは、ほかの言語と共通するものも少なくありません。ですが、なるべくフィンランドらしいもの、フィンランドでよく使われているものを選んでみました。

カロリーナ・コルホネン

ちょっと不思議な

フィンランドのことわざ

SANONTA SUOMEKSI

← フィンランド語の表記

文字通り解釈すると、
なんか変なことわざ…

【 ことわざの意味 】

頬がない
POSKETON

【 ばかげた、とんでもない、信じられない 】

ベリーの茂みに引っかかる
TAKERTUA LILLUKANVARSIIN

【 ものごとの本質じゃない部分にとらわれる 】

ウサギの背に乗っているわけじゃない

EI TÄSSÄ JÄNIKSEN SELÄSSÄ OLLA

【慌てることないよ】

ほら、玉ねぎ
SILLÄ SIPULI

【以上！　これで全部！】

トウヒに手を伸ばす者は、ジュニパーの上に落ちる

KEN KUUSEEN KURKOTTAA, SE KATAJAAN KAPSAHTAA

※トウヒはフィンランドの森の木で、20メートルをこえる高木。ジュニパーは高さ数メートル。

【高望みは、得てしてうまくいかないもの】

ミトン（手袋）から離れる
LÄHTEÄ LAPASESTA

THE
"THING"

ものごと

【手に負えなくなる】

カケスの卵を見せる
NÄYTTÄÄ NÄRHEN MUNAT

※カケスはフィンランドの森
の住人。知能が高く、森の茂
みに上手に巣を隠す。

【実力を示す、思い知らせる】

簡単ソーセージ！
HELPPO NAKKI!

※NAKKI（ナッキ）と呼ばれるソーセージは、フィンランドでは人気の食材。日常的に食べられている。

【お茶の子さいさい！】

茂みから出てくる
TULLA PUSKISTA

【突然に起こる、青天の霹靂】

フケを越えていく
MENEE YLI HILSEEN

【理解しがたい】

頭を第三の足にして走る

JUOSTA PÄÄ KOLMANTENA JALKANA

【猛ダッシュする】

かしこい頭をぶつけ合う
LYÖDÄ VIISAAT PÄÄT YHTEEN

【いっしょに考える】

発酵乳でいっぱいの桶
OLLA VIILIPYTTY

※VIILI（ヴィーリ）はフィンランドで愛されている発酵乳。ヨーグルトよりも粘り気が強く、ねっとりとしている。

【まるで動じず、落ち着いている】

レンズにやすりをかける
VIILATA LINSSIIN

【 だます、ちょろまかす、欺く 】

空<ruby>を蹴<rt>くぅ</rt></ruby>る
POTKAISTA TYHJÄÄ

【死ぬ】

くちびるを投げる
HEITTÄÄ HUULTA

【ジョークを言う】

ハエから雄牛をつくる

TEHDÄ KÄRPÄSESTÄ HÄRKÄNEN

【 ささいなことを大げさに騒ぎ立てる 】

試合用パンツを破く
REPIÄ PELIHOUSUT

【怒る】

丸太を引きずる

VEDELLÄ HIRSIÄ

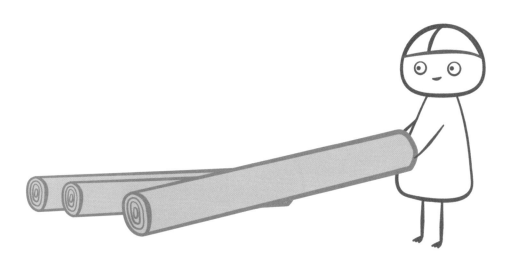

【眠る、いびきをかく】

落ちる前になめるな
ÄLÄ NUOLAISE ENNEN KUIN TIPAHTAA

【現実にならないうちから、よい結果をあてにしてはいけない】

噛んでほしい木の実がある
SIINÄ SINULLE PÄHKINÄ PURTAVAKSI

【よく考えるべき問題だ】

ヨキネンの弁当のように地面に広がって
LEVISI KUIN JOKISEN EVÄÄT

※ヨキネンはフィンランドで
よくある名字。かつてヨキネ
ンのランチがぺしゃんこに
なってしまった由来など諸説
あり。

【 とっちらかって、めちゃくちゃで 】

長い爪の人
PITKÄKYNTINEN

【泥棒】

エッルのニワトリたちのよう
OLLA KUIN ELLUN KANAT

※エッルは人名。「エッルが
飼っていたニワトリが卵を産
まなかった」など由来は諸説
あり。

【のんき、お気楽】

隅にスプーンを投げる
HEITTÄÄ LUSIKKA NURKKAAN

【あきらめる、さじを投げる】

ソリを乗り換える
KÄÄNTÄÄ KELKKANSA

【方針転換する】

鼻にエンドウ豆を吸いこむ
VETÄÄ HERNE NENÄÄN

【ムカっとする】

ムーミン谷の仲間が足りない
HÄNELLÄ EI OLE KAIKKI MUUMIT LAAKSOSSA

THERE USED TO BE FIVE...

5いたはずが…

【（あるべきものが揃ってないことから）ちょっとどうかしているよ】

慌てるな、茂みに腰を下ろして考えよ
ÄLÄ HÄTÄILE, ISTU MÄTTÄÄLLE JA MIETI

※MÄTÄS（マタス）は、苔や草に覆われたふかふかとした小さな隆起。

【大丈夫、きっとなんとかなる】

考える帽子をかぶる
LAITTAA MIETINTÄMYSSY PÄÄHÄN

※MYSSY（ミュッス）
は、つばのないニット
帽などをさす。

【考える】

ウサギ化する
JÄNISTÄÄ

※JÄNIS（ヤニス）は野ウサギのこと。

【 びくっとする、逃げ出す 】

ジンジャークッキーになった
SE MENI PIPARIKSI

※ジンジャークッキー
は、フィンランドのク
リスマスに欠かせない
お菓子。

【完全に失敗した】

ケーキはたいてい見た目はよいが、中身は樹皮の粉だらけ
MONI KAKKU PÄÄLTÄ KAUNIS, MUTTA SILKKOA SISÄLTÄ

※フィンランドでは食糧難の際に、樹皮の粉を混ぜたパンが食べられていた。

【よさそうに見えるものほど、結局それほどでもない】

「前へ！」と、雪の中でおばあちゃんは言った
"ETEENPÄIN!" SANOI MUMMO LUMESSA

【困難な状況でもあきらめてはいけない】

口からカエルを放つ

PÄÄSTÄÄ SAMMAKKO SUUSTAAN

【失言する、うっかり口を滑らす】

松やにの中にいる
OLLA PIHKASSA

【誰かに夢中、首ったけ】

言葉の詰まった箱を開ける
AVATA SANAINEN ARKKU

【自分の意見を明らかにする】

市場で泣いても意味がない
EI AUTA ITKU MARKKINOILLA

【どうしようもないよ】

おんどりは人の意思で鳴かない
EI KUKKO KÄSKIEN LAULA

【世の中、思い通りになるわけじゃない】

生まれながらの鍛冶工はいない
EI KUKAAN OLE SEPPÄ SYNTYESSÄÄN

【大成するためには、誰しも鍛錬が必要だ】

ネコをテーブルにのせる

NOSTAA KISSA PÖYDÄLLE

【率直に言う、言いづらい話題を持ち出す】

話さない授業をする
PITÄÄ MYKKÄKOULUA

【怒って口をきかない、だんまりを決めこむ】

財布の中にマッティがいる
MATTI KUKKAROSSA

※マッティは、フィンランド
でポピュラーな男性の名前。

【財布がすっからかん】

壁に向かってジャンプする

HYPPIÄ SEINILLE

【 いかる 】

脇の下にキツネのしっぽ
KETUNHÄNTÄ KAINALOSSA

※フィンランド語でキツネは KETTU（ケットゥ）。日本語と同じく「キツネのようにずるがしこい」と言ったりする。

【 よからぬことを企んでいる 】

火の中でじっと横たわってはいけない
EI SAA JÄÄDÄ TULEEN MAKAAMAAN

【あきらめるな、厳しいときこそチャンス】

畑の中にいるように振る舞う
ELÄÄ KUIN PELLOSSA

【 めちゃくちゃで、なんでもあり（野放図） 】

誰にでも時は流れる
AIKA AIKAANSA KUTAKIN

...?

【どんなものにも終わりがある】

長い喜びから涙
ITKU PITKÄSTÄ ILOSTA

【過大な幸せはやがて悲しみに終わる】

主君の財布の中にいる
OLLA HERRAN KUKKAROSSA

【とんとん拍子に進む】

ミトン（手袋）をまっすぐにして立つ
SEISTÄ TUMPUT SUORINA

【何もしない（本当は、かかわるべきなのに）】

まるでタールを飲むよう
KUIN TERVAN JUONTIA

※フィンランドのタールは木
から精製される。お菓子、石
鹸、サウナ用アロマの香りづ
けなど、暮らしに広く活用さ
れている。

【気が遠くなる作業】

歌いながら来る者は、口笛を吹きながら去る

MIKÄ LAULAEN TULEE, SE VIHELTÄEN MENEE

【楽して手に入れたものは、失うのもはやい】

針金から曲げていく
VÄÄNTÄÄ RAUTALANGASTA

【単純化する、やさしく噛み砕く】

スプーン１杯しか授かっていない者に、
ひしゃくの分量を求めることはできない

EI VOI KAUHALLA VAATIA, KUN ON LUSIKALLA ANNETTU

【ちょっと残念な人（に期待してもしょうがない）】

澄んだ鐘の音は遠くから、
濁った鐘の音はもっと遠くから
HYVÄ KELLO KAUAS KUULUU, PAHA PALJON KAUEMMAS

【よい評判はすぐに知れ渡るが、悪い評判はもっと知れ渡る】

叫んだ通りに森は答える
NIIN METSÄ VASTAA KUIN SINNE HUUDETAAN

HUHUU!
ヤッホー！

HUHUU!
ヤッホー！

【与えた分だけ返ってくる】

「やり方はいくらでもある」と、
おばあちゃんはネコでテーブルを拭きながら言った
"KONSTIT ON MONET", SANOI MUMMO KUN KISSALLA PÖYTÄÄ PYYHKI

【意外なところに道はある、方法はひとつではない】

ふたつのベリーのよう
KUIN KAKSI MARJAA

【そっくり（瓜ふたつ）】

オオカミの中にいる
OLLA HUKASSA

【行方不明、失われた】

外から井戸を潤しつづけることはできない

EI KANNETTU VESI KAIVOSSA PYSY

【やる気のない人とは何をやってもだめ】

延々くちばしを鳴らすことはない
SIINÄ EI KAUAN NOKKA TUHISE

【さほど時間のかからないたやすい仕事】

災難は首にベルをさげて来ない

EI VAHINKO TULE KELLO KAULASSA

DING DING DING
リンリンリン

【悪いことは前兆なく起こるもの】

危機はこんな姿ではない
HÄTÄ EI OLE TÄMÄN NÄKÖINEN

【見た目ほど深刻じゃない】

仕事は手袋の中
HOMMA HANSKASSA

【思い通りになっている、ぜんぶ解決済み】

プーロとヴェッリを混同する
MENNÄ PUUROT JA VELLIT SEKAISIN

※PUURO（プーロ）は水や牛乳で煮たお粥。VELLI（ヴェッリ）は、プーロよりも水分量が多いお粥。

【ふたつの無関係なものを混同する】

遥かネバダへ行く
MENNÄ HUITSIN NEVADAAN

フイツィン　ネバダ

HUITSIN NEVADA

※「フイツィン　ネバダ」は
遥か遠くの場所。ネバダ（ア
メリカ）で核実験が行われた
ことに由来するといわれる。
フイツィンは強調の語。

【できる限り遠くへ行く】

黒い気分
MIELI MUSTANA

【悲しい、沈んでいる】

サハラ砂漠のおならのように消える
KATOAA KUIN PIERU SAHARAAN

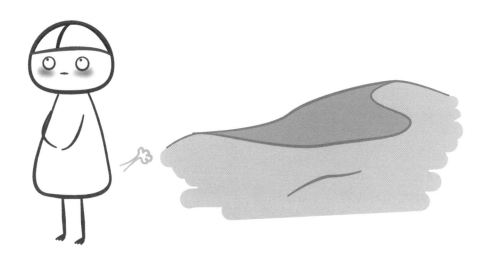

【跡形もなく消える】

リューティが手紙を書きはじめた！

JO ALKOI LYYTI KIRJOITTAMAAN!

※その昔、海外へ渡ったフィンランド人の逸話が背景にある。手紙が届くのは無事・順調のあかし。

【事態が好転した、ものごとが軌道にのった】

剣と石の年に
VUONNA MIEKKA JA KIVI

【大昔に】

投げることによって
HEITTÄMÄLLÄ

THE "THING"

ものごと

【 やすやすと 】

森に入る
MENNÄ METSÄÄN

【失敗に終わる】

ティックを交差させない
EI LAITA TIKKUA RISTIIN

＊TIKKU（ティック）は細い
木の棒や、木の小さな破片の
こと。

【 何にもしない（本来すべきなのに）】

安物のマッカラ（ソーセージ）を見るようなまなざし
KATSOA KUIN HALPAA MAKKARAA

※MAKKARA（マッカラ）は、ナッキ（既出「簡単ソーセージ」）よりも太くて大きいソーセージ。

【見くびる、見下す】

幸せな者は、その幸せを隠しなさい
KEL ONNI ON, SE ONNEN KÄTKEKÖÖN

※フィンランドの詩人、エイノ・レイノ（Eino Leino）が1900年に発表した詩に由来。7月6日は「エイノ・レイノの日」とされ、国旗が掲揚される。

【ひけらかしてはいけない、控えめであれ】

ネコのしっぽはネコが上げるもの
KUKA KISSAN HÄNNÄN NOSTAA ELLEI KISSA ITSE?

【他人の評価を期待せず、自分で自分を誇りなさい】

手首にライ麦
RUISTA RANTEESSA

※ライ麦のパンは、フィンランド人の毎日の食を支える大事な存在。

【 とっても強い 】

水路に自分の牛がいる
OMA LEHMÄ OJASSA

【自分の利害が絡んでいる】

フンの山に立つおんどり
KUKKONA TUNKIOLLA

【思いあがっている、尊大である】

目に入れたこぶしのようにフィット
SOPII KUIN NYRKKI SILMÄÄN

【ぴったり合う】

勇者は濃いスープを飲む
ROHKEA ROKAN SYÖ

【果敢に挑戦する人には幸せが訪れる】

漁網に悪魔
PIRU MERRASSA

【ヤバイ予感！】

鞘が音を立てはじめた
NYT TULI TUPENRAPINAT

RUSTLE RUSTLE
カサカサ

※鞘は、剣や刀の刃を保護する覆い。

【自分の行動の結果に向き合うときだ】

トナカイ親指

POROPEUKALO

※不器用さを意味する
表現としては、「手の
ひらの真ん中に親指」
もある。

【不器用な人、抜けている人】

馬のトウヒへ行け！
MENE HEVON KUUSEEN!

EXCUSE ME...
THIS TREE IS MINE...

あの…
私の木で何を…

※馬のトウヒは遠い場所、荒
れ地、僻地などをさす。

【あっちへ行け！】

明らかなエゾライチョウ
SELVÄ PYY

※エゾライチョウだと思って
違う鳥を仕留めてしまった狩
人のエピソードに由来。フィ
ンランドには狩猟文化の伝統
が息づく。

【了解、よくわかった】

ストロムソのようにはいかなかった
EI MENNYT NIIN KUIN STRÖMSÖSSÄ

今日はこの素敵なマフラーを編みましょう！
"LET'S MAKE THIS BEAUTIFUL SCARF TOGETHER!"

※「STRÖMSÖ（ストロムソ）」は、料理や手芸、DIY などを扱うテレビ番組。

【思うようにいかなかった】

いま、大麦パンを手に取った
NYT OTTI OHRALEIPÄ

※大麦パンは、小麦パンのようにはふっくらと膨らまない。

【 ものごとが悪くなった 】

カラスはカラスの声で歌う
ÄÄNELLÄÄN SE VARISKIN LAULAA

【みんな頑張っている】

凍った知性
JÄRKI JÄÄSSÄ

【きちんと考えることができない】

雨の中のキノコのよう
ON KUIN SIENIÄ SATEELLA

【たくさん】

恐怖のチキンケージ！
KAUHISTUKSEN KANAHÄKKI!

【ああっ！　恐ろしい！】

鼻を引っぱる
VETÄÄ NENÄSTÄ

【だます、出し抜く、嘘をつく】

列車のトイレのように動く

TOIMII KUIN JUNAN VESSA

※列車内の垂れ流し式トイレ
に由来。仕組みがシンプルで、
予期せぬ不具合が生じないこ
とから。

【スムーズに、快適に動く】

薬局の棚から来たみたい

SE TULI KUIN APTEEKIN HYLLYLTÄ

【答えがすぐに手に入った】

かがり火を焚く
MAKING A BONFIRE:

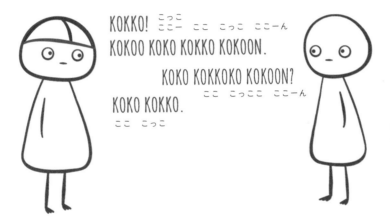

KOKKO!　<ruby>こっこ</ruby>　<ruby>ここー</ruby>　<ruby>ここ</ruby>　<ruby>こっこ</ruby>　<ruby>ここーん</ruby>
KOKOO KOKO KOKKO KOKOON.
　　　　　　　KOKO KOKKOKO KOKOON?
　　　　　　　ここ　こっここ　ここーん
KOKO KOKKO.
ここ　こっこ

※これは言葉遊びの一種。フィンランドでは、夏至祭の日に KOKKO（コッコ）と呼ばれる大きなかがり火を焚く習慣がある。

【「コッコさん！　かがり火を全部集めて」「かがり火を全部？」「そう、かがり火を全部」】

同音異義語の言葉遊び：
KUUSI PALAA

※ここでのKUUSI（クーシ）は「トウヒの木、（数字の）6、6人、あなたの月」、PALAA（パラー）は「燃える、戻る、かけら」の意味を持つ。その結果、KUUSI PALAAは、音は同じでも9通りもの意味になる。

SIX PIECES

6つのかけら

HEY, I'M BACK!

THE SPRUCE RETURNS

トウヒが戻る

YOUR MOON RETURNS

あなたの月が戻る

THE NUMBER SIX RETURNS

数字の6が戻る

HEY, WE'RE BACK!

SIX OF THEM RETURN

6人が戻る

THE SPRUCE IS ON FIRE

トウヒが燃えている

THE NUMBER SIX IS ON FIRE

数字の6が燃えている

YOUR MOON IS ON FIRE

あなたの月が燃えている

SIX OF THEM ARE ON FIRE

6人が燃えている

訳者あとがき

本作は、『マッティは今日も憂鬱 フィンランド人の不思議（原題：Finnish Nightmares）』のシリーズ第3弾として、2019年にフィンランドで出版されました。マッティのキャラクターは「典型的なフィンランド人」という設定で、少しシャイ。平穏と静けさとパーソナルスペースを大切にしています。周囲との距離感を気にするあまりしばしば憂鬱になるのですが、その姿に自分を重ねた人はフィンランド人だけではありませんでした。マッティシリーズはフィンランドでベストセラーになったのみならず、海外にもたくさんのファンを獲得しています。日本でも多くの読者から共感の声が寄せられました。

フィンランド人の憂鬱を描いてきた過去作からがらりと変わり、今回のテーマは、ことわざと慣用句です。「文字通り解釈する」という著者のユーモラスな試みを、マッティが体当たりで表現しています。

憂鬱からことわざへと切り口は変わりましたが、根底に流れるフィンランドらしさは変わらず、本書でも随所から感じとることができます。各

ことわざに関係するフィンランドの文化や慣習については、ページ内に注釈をほどこしましたが、ここではより全体的な視点から補足をしたいと思います。

木や森、森の生き物に関することわざがいくつもありました。それもそのはず、フィンランドは国土の約7割を森に覆われています。夏にはベリー、秋にはキノコがたくさん採れるフィンランドの豊かな森は、現代も人々の暮らしに深く結びついています。森の茂みに腰を下ろして心を落ち着ける、ということわざ通りのことを自然と実践しているフィンランド人も、少なくないはずです。

幸せは隠しなさい、といったことわざもありました。フィンランド人は概して謙虚で控えめです。世界幸福度ランキングで3年連続1位を獲得しても、なお謙虚でいつづけるのは、長い喜びは涙に変わるという教訓を知っているからかもしれません。

そして本書には、厳しい状況でもあきらめないでと、勇気をくれることわざが数々ありました。火の中で横たわらず、雪の中でも前へ。ネコで

テーブルを拭くぐらい意外なところに道はあり、勇敢な人は濃いスープにありつける。これらはまるで、フィンランド人の強さの秘訣を語っているかのようです。フィンランドの人々は、誰しも「SISU（シス）」と呼ばれる不屈の精神を持っているといわれます。

ほかにも、くすっと笑わせてくれるもの、なるほどと思わせるものなど、本書には、バラエティ豊かなことわざがたくさん詰まっています。この中に、皆さんのお気に入りをどうぞ見つけてください。

おんどりは人の意思では鳴かず、人生に憂鬱はつきものです。でもそんなときこそ、先人たちから伝えられたこれらのことわざが、私たちに光をくれるのではないでしょうか。

最後になりましたが、翻訳にあたり助言をくださった奥田ライヤ先生、助けてくれたフィンランドの友人たち、そして、出版を実現してくださった清水浩史さん、草思社の碇高明さんに、お礼申し上げます。

著者略歴

カロリーナ・コルホネン
Karoliina Korhonen

フィンランドのデジタルデザイナー。
夫と2匹の猫と暮らす。
趣味はコンピュータゲームと空想。
毎朝、コーヒーは必須（できれば2杯）。

訳者略歴

柳澤はるか
東京在住の翻訳者。翻訳や執筆、講演を通じて
フィンランド文化を紹介している。訳書に
『マッティは今日も憂鬱』『マッティ、旅に出る。』
『フィンランドの幸せメソッドSISU（シス）』
（いずれも方丈社）。

This work has been published with the financial assistance
of FILI-Finnish Literature Exchange

F I
L I

フィンランドの不思議なことわざ
マッティの言葉の冒険
2021©Soshisha

2021年3月5日　第1刷発行

著者　　　　カロリーナ・コルホネン
訳者　　　　柳澤はるか
デザイン　　後藤葉子（森デザイン室）
発行人　　　藤田　博
発行所　　　株式会社 草思社
　　　　　　〒160-0022　東京都新宿区新宿1-10-1
　　　　　　電話 03(4580)7676：営業／03(4580)7680：編集
印刷・製本　中央精版印刷 株式会社

ISBN978-4-7942-2502-3　　Printed in Japan　検印省略